A. Parveen
V.S Prasanth

Uma abordagem simples para a prática de Big Data Analytics para IA

A. Parveen
V.S Prasanth

Uma abordagem simples para a prática de Big Data Analytics para IA

ScienciaScripts

Imprint

Any brand names and product names mentioned in this book are subject to trademark, brand or patent protection and are trademarks or registered trademarks of their respective holders. The use of brand names, product names, common names, trade names, product descriptions etc. even without a particular marking in this work is in no way to be construed to mean that such names may be regarded as unrestricted in respect of trademark and brand protection legislation and could thus be used by anyone.

Cover image: www.ingimage.com

This book is a translation from the original published under ISBN 978-620-6-84468-6.

Publisher:
Sciencia Scripts
is a trademark of
Dodo Books Indian Ocean Ltd. and OmniScriptum S.R.L publishing group

120 High Road, East Finchley, London, N2 9ED, United Kingdom
Str. Armeneasca 28/1, office 1, Chisinau MD-2012, Republic of Moldova, Europe
Printed at: see last page
ISBN: 978-620-8-27173-2

Conteúdo

PRÉ-PROCESSAMENTO DE DADOS: CRIAR BONS CONJUNTOS DE TREINO

Objetivo

Para criar bons conjuntos de treino.

Algoritmo

O famoso conjunto de dados "Titanic: Machine Learning from Disaster" do Kaggle é tomado como exemplo. Aqui está um programa Python que demonstra os passos de pré-processamento de dados para criar bons conjuntos de treino utilizando o conjunto de dados Titanic:

**Nota:-Link para o conjunto de dados:-

https://www.kaggle.com/competitions/titanic/data?select=train.csv

1. A biblioteca pandas é utilizada para carregar o conjunto de dados do ficheiro CSV para um ficheiro

Quadro de dados.

2. Podem ser efectuados todos os passos necessários para a limpeza dos dados. Neste exemplo, nós

remover colunas desnecessárias (por exemplo, "PassengerId", "Name", "Ticket", "Cabin") utilizando a função drop(). Além disso, os valores em falta nas colunas "Age" (Idade) e "Embarked" (Embarcado) são tratados preenchendo-os com os valores da média e da moda, respetivamente.

3. O conjunto de dados é dividido em caraterísticas (X) e a variável-alvo (y), em que a

A coluna "Sobreviveu" representa a variável-alvo.

4. A codificação de etiquetas é efectuada para variáveis categóricas. Aqui, o

O LabelEncoder do scikit-learn é utilizado para transformar valores categóricos ("Sexo" e "Embarcado") em representações numéricas.

5. O escalonamento das caraterísticas é aplicado para normalizar os valores das caraterísticas. Aqui, o

O Standard Scaler do scikit-learn é utilizado para normalizar as caraterísticas.

6. O conjunto de dados é dividido em conjuntos de treino e de teste utilizando o

função train_test_split() do scikit-learn. Neste exemplo, 80% dos dados são afectados ao conjunto de treino e 20% ao conjunto de teste.

7. Finalmente, as formas dos conjuntos de treino e de teste são impressas para verificar a

tamanhos dos conjuntos.

Programa :-

importar pandas como pd

from sklearn.preprocessing import LabelEncoder, StandardScalerfrom sklearn.model_selection import train_test_split

\# Carregar o conjunto de dados

dados = pd.read_csv('train.csv')

\# Efetuar as etapas de limpeza de dados necessárias#

Exemplo: Remoção de colunas desnecessárias

data = data.drop(['PassengerId', 'Name', 'Ticket', 'Cabin'], axis=1)

\# Lidar com valores em falta dados['Idade'].fillna(dados['Idade'].média(), inplace=True)

dados['Embarked'].fillna(dados['Embarked'].mode()[0], inplace=True)

\# Dividir o conjunto de dados em caraterísticas e etiquetasX

= data.drop('Survived', axis=1)

y = dados['Sobreviventes']

\# Efetuar a codificação de etiquetas para variáveis categóricas

codificador = LabelEncoder()

categorical_cols = ["Sexo", "Embarcado"]for

col in categorical_cols:

X[col] = encoder.fit_transform(X[col])

\# Efetuar o escalonamento da caraterística scaler = StandardScaler() X_scaled = scaler.fit_transform(X)

\# Dividir o conjunto de dados em conjuntos de treino e de teste

X_treino, X_teste, y_treino, y_teste = train_test_split(X_escalado, y, test_size=0.2, random_state=42)

\# Imprimir as formas dos conjuntos de treino e teste print("Forma do conjunto de treino:", X_train.shape) print("Forma do conjunto de teste:", X_test.shape)

Saída :-

Forma do conjunto de treino: (712, 7) Forma do conjunto de teste: (179, 7)

Resultado:-

O pré-processamento de dados para criar bons conjuntos de treino é executado com êxito.

MANIPULAÇÃO DO CONJUNTO DE DADOS DO TWITTER

5

Objetivo

Para manipular um conjunto de dados do twitter utilizando python.

Algoritmo

1. Importar os módulos e o conjunto de dados necessários e carregar o conjunto de dados.

2. Em seguida, elimine uma determinada coluna do conjunto de dados.

3. Elimina uma linha do conjunto de dados.

4. Em seguida, renomeie uma coluna do conjunto de dados.

5. Em seguida, agrupar os dados sob determinadas caraterísticas.

6. Cortar o conjunto de dados para obter as informações necessárias.

7. Descreva o conjunto de dados e imprima-o.

Ligação ao conjunto de dados: https://www.kaggle.com/datasets/mrmorj/us-politicians-twitter- dataset/download?datasetVersionNumber=1

Programa:

```
importar pandas como pd
path_to_data = '/content/dataset.csv'
dados = pd.read_csv(path_to_data)
dados.cabeça()
#Dopping de colunas nos dados
df_dropped = data.drop('Birthplace', axis=1)
df_dropped.head()
#Agrupamento de dados por sexo e identificação do passageiro
data.groupby('Sex').agg({'Political_party': 'count'}) #slicing the dataset
data.iloc[:5,8]
#chamando o método dscribe
desc = data["Name"].describe()
#exibição
desc
df_row_dropped = data.drop(2, axis=0)
df_row_dropped.head()
dados.colunas
df_renamed = data.rename(columns={'Account_ID': 'Id'})
```

df_renamed.head()

Saída:-

N.º de Sl.	Nome	Local de nascimento	Sexo	ID da conta	Partido político
0	Ahan	Chennai	Masculino	12345	Partido Democrático
1	Ayan	Mumbai	Masculino	67891	Partido Republicano
2	Zuha	Calcutá	Feminino	11213	Partido Republicano
3	Ana	Delhi	Feminino	1415	Partido Democrático

Deixar cair col: Local de nascimento

N.º de Sl.	Nome	Sexo	ID da conta	Partido político
0	Ahan	Masculino	12345	Partido Democrático
1	Ayan	Masculino	67891	Partido Republicano
2	Zuha	Feminino	11213	Partido Republicano
3	Ana	Feminino	1415	Partido Democrático

Resultado:-

Assim, o conjunto de dados do Twitter foi manipulado e o resultado foi executado com êxito.

AVALIAR OS RESULTADOS DOS ALGORITMOS DE APRENDIZAGEM AUTOMÁTICA

8

Objetivo

Avaliar o desempenho dos resultados do algoritmo de aprendizagem automática.

Algoritmo

1. Importar os módulos e o conjunto de dados necessários e carregar o conjunto de dados.

2. Importar as bibliotecas e o modelo necessários

3. Importar o modelo do sklearn.

4. O conjunto de dados é dividido em conjuntos de treino e de teste utilizando o função train_test_split() do sklearn.

5. Utilize o método predict() do modelo para examinar o nosso conjunto de dados de teste.

6. Neste programa, 75% dos dados são afectados ao conjunto de treino e 25% para o conjunto de teste.

7. Por último, são impressos os indicadores de desempenho.

Programa:-

```
importar pandas como pd
importar numpy as np
importar matplotlib.pyplot as plt
from sklearn.model_selection import train_test_split
de sklearn.preprocessing import StandardScaler
from sklearn.linear_model import
Regressão logística
from sklearn.metrics import accuracy_score, precision_score, recall_score,
f1_scoredataset = pd.read_csv("diabetes.csv")
x = dataset.iloc[:, [4, 7]].valuesy
= dataset.iloc[:, 8].values
xtrain, xtest, ytrain, ytest = train_test_split(x, y, test_size=0.25,
random_state=0)sc_x = StandardScaler()
xtrain = sc_x.fit_transform(xtrain)
xtest = sc_x.transform(xtest)
print(xtrain[0:10, :])
classificador = LogisticRegression(random_state=0)
```

```
classificador.fit(xtrain, ytrain)
y_pred = classificador.predizer(xtest)
exatidão = exactidão_score(ytest, y_pred)
precisão = pontuação_precisão(ytest, y_pred)
recall = recall_score(ytest, y_pred)
f1 = f1_score(ytest, y_pred)
print("Exatidão:", exatidão)
print("Precisão:", precisão)
print("Recall:", recall)
print("Pontuação F1:", f1)
```

Saída:-

Precisão: 0,78

Precisão: 0,83

Recuperação: 0,45

F1Score: 0,58

Resultado:-

A avaliação dos resultados do algoritmo de máquina com o conjunto de dados da diabetes é executada com êxito.

APLICAR TÉCNICAS DE REGRESSÃO

Objetivo

Prever a temperatura da água com base na salinidade utilizando a regressão.

Algoritmo

1. Importar as bibliotecas, o conjunto de dados e carregar o conjunto de dados.

2. Ler o conjunto de dados

3. Remover os dados não desejados do conjunto de dados

4. Dividir os dados em dados de treino e dados de teste

5. Eliminar todas as linhas com valores Nan.

6. Dispersão de dados de valores previstos Explorando os nossos resultados

Programa:-

importar numpy as np

importar pandas como pd

importar seaborn as sns

importar matplotlib.pyplot as plt

from sklearn import preprocessing, svm

from sklearn.model_selection import train_test_split

from sklearn.linear_model import LinearRegression

\#   Ler o conjunto de dados

df = pd.read_csv('bottle.csv') df_binary =

df[['Salnty', 'T_degC']]

\# Tomando apenas os dois atributos selecionados do conjunto de
dadosdf_binary.columns = ['Sal', 'Temp']

\#   Renomear as colunas para facilitar a escrita do codedf_binary.head()

\#   Mostrar apenas as primeiras linhas com os nomes das colunas

\#   Limpeza de dados

\# Eliminação de números de entrada NaN ou em falta df_binary.fillna(method
='ffill', inplace = True)

\#   Formação do nosso modelo

X = np.array(df_binary['Sal']).reshape(-1, 1)

y = np.array(df_binary['Temp']).reshape(-1, 1)

\# Separar os dados em variáveis independentes e dependentes# Converter cada
dataframe numa matriz numpy

```python
#    uma vez que cada dataframe contém apenas uma columndf_binary.dropna(inplace
= True)
#    Eliminar todas as linhas com valores Nan
X_treino, X_teste, y_treino, y_teste = train_test_split(X, y, test_size =0,25)
#    Dividir os dados em dados de treino e dados de testearegr =
LinearRegression()
regr.fit(X_train, y_train)
print(regr.score(X_teste, y_teste))
print(df)
#    Explorar os nossos resultados
y_pred = regr.predict(X_test)
plt.scatter(X_teste, y_teste, cor ='b')
plt.plot(X_teste, y_pred, cor ='k')
plt.show()
#    Dispersão de dados de valores previstos
```

Saída:-

0	T_deg	Salinidade	RecID	T_prec	S_prec	MédiaAvg
0	10.5	53.44	3	1.0	2	9
1	10.46	33.44	3	2.0	2	9
2	10.46	33.43	7	2.0	3	9
3	10.45	33.42	3	2.0	2	9
4	10.45	33.421	7	20.0	3	9
864858	18.744	33.4083	7	2	3	9
864859	18.744	33.4083	3	2	3	9
854860	18.692	33.4150	3	2	3	9
864861	18.161	33.4060	3	2	3	9
864862	17.533	33.3880	3	2	3	9

Resultado:-

Assim, a temperatura da água pode ser prevista com base na salinidade utilizando a regressão e o resultado é executado com êxito.

APLICAR TÉCNICAS DE CORRELAÇÃO

15

Objetivo

Efetuar a análise de correlação no conjunto de dados Iris e no conjunto de dados Boston Housing. Calcula a matriz de correlação para cada conjunto de dados e determina a correlação de pares entre duas caraterísticas específicas no conjunto de dados Boston Housing.

Algoritmo

1. Importar as bibliotecas necessárias
2. Carregue o conjunto de dados Iris utilizando a função de sklearn.datasets.
3. Converte os dados da Iris para um DataFrame do pandas.
4. Calcular a matriz de correlação para o conjunto de dados Iris.
5. Imprime a matriz de correlação para o conjunto de dados Iris.
6. Carregue o conjunto de dados de Habitação de Boston utilizando a função de sklearn.datasets.
7. Converte os dados do Boston Housing para um DataFrame do pandas.
8. Calcule a matriz de correlação para o conjunto de dados do Boston Housing.
9. Imprima a matriz de correlação para o conjunto de dados Boston Housing.
10. Calcular a correlação de pares entre as caraterísticas selecionadas no conjunto de dados do Boston Housing utilizando a função de correlação nas respectivas colunas.
11. Imprime o valor de correlação calculado.

Programa:-

```
importar numpy as np
importar pandas como pd
from sklearn.datasets import load_iris, load_boston
#    Carregar o conjunto de dados Iris
iris = load_iris()
iris_data = iris.data
iris_feature_names = iris.feature_names
#    Converter os dados da Iris para um DataFrame do pandas
iris_df = pd.DataFrame(iris_data, columns=iris_feature_names)
#    Calcular a matriz de correlação para o conjunto de dados Iris
iris_corr_matrix = iris_df.corr()
#    Imprimir matriz de correlação para o conjunto de dados Iris
```

```python
print("Matriz de correlação para o conjunto de dados Iris:")
print(iris_corr_matrix)
imprimir()
#    Carregar o conjunto de dados Boston Housing
boston = load_boston()
dados_de_boston = dados_de_boston
boston_feature_names = boston.feature_names
#    Converter os dados do Boston Housing para um DataFrame do pandas
boston_df = pd.DataFrame(boston_data, columns=boston_feature_names)
#    Calcular a matriz de correlação para o conjunto de dados da Habitação de Boston
boston_corr_matrix = boston_df.corr()
#    Imprimir matriz de correlação para o conjunto de dados Boston Housing
print("Matriz de correlação para o conjunto de dados do sector da habitação de Boston:")
print(matriz_corr_de_boston)
imprimir()
#    Calcular a correlação de pares entre duas caraterísticas no conjunto de dados do Boston Housing
crim_corr = boston_df['CRIM'].corr(boston_df['TAX'])
print("Correlação entre 'CRIM' e 'TAX' no conjunto de dados do sector da habitação de Boston:", crim_corr)
```

Saída:-

	CRIM	ZN	INDUS	CHAS	NOX
CRIM	1.00	-0.200469	0.406583	-0.055892	0.420992
ZN	-0.2004	1.0000	-0.533828	-0.042697	-0.516609
INDUS	0.406	-0.533828	1.0000	0.062938	0.763631
	DIS	RAD	IMPOSTO	RELAÇÃO	B
CRIM	-0.379670	0.625505	0.582764	0.289946	-0.385084
ZN	0.664408	-0.311948	-0.314563	-0.391679	0.175520
INDUS	-0.708027	0.595129	0.720760	0.38324	-0.356977

Correlação entre "CRIM" e "TAX" no conjunto de dados do sector da habitação de Boston: 0.582764

Resultado:-

Assim, a matriz de correlação dos conjuntos de dados de habitação Iris e Boston é calculada utilizando as funções de correlação.

IMPLEMENTAR ALGORITMOS DE CLASSIFICAÇÃO

19

Objetivo

Implementar algoritmos de classificação

Algoritmo

1.Importar as bibliotecas.

2. Utilize a função read_csv() da biblioteca pandas, que é utilizada para ler um ficheiro csv e efetuar várias operações sobre o mesmo.

3. Utilizar o método **iloc[ ]** da biblioteca Pandas, utilizado para extrair as linhas e colunas necessárias do conjunto de dados.

4. Para criar a melhor linha ou fronteira de decisão que pode segregar o espaço n-dimensional em classes, de modo a que possamos facilmente colocar o novo ponto de dados na categoria correta no futuro.

5. O algoritmo SVM ajuda a encontrar a melhor linha ou limite de decisão; este melhor limite ou região é designado por **hiperplano**.

6. As dimensões do hiperplano dependem das caraterísticas presentes no conjunto de dados, o que significa que se existirem 2 caraterísticas, o hiperplano será uma linha reta.

7. Se existirem 3 caraterísticas, então o hiperplano será um plano de 2 dimensões.

8. Para criar o classificador SVM, importe a classe **SVC** da biblioteca **Sklearn.svm**.

9. Prever a saída para o conjunto de teste. Para tal, será criado um novo vetor y_pred.

10. A partir do conjunto de dados, o classificador SVM dividiu os utilizadores em duas regiões (Comprados ou Não comprados).

11. Os utilizadores que compraram o SUV estão na região vermelha com os pontos de dispersão vermelhos e os utilizadores que não compraram o SUV estão na região verde com os pontos de dispersão verdes.

12. O hiperplano dividiu as duas classes em variável Comprada e não comprada.

Programa:-

```python
importar numpy as np
importar matplotlib.pyplot as plt
importar pandas como pd
dataset = pd.read_csv("Social_Network _Ads.csv")
X = dataset.iloc[:, [2, 3]].values
y = dataset.iloc[:, 4].values
```

```python
from sklearn.model_selection import train_test_split
X_treino, X_teste, y_treino, y_teste = train_test_split(X, y, test_size = 0,25, random_state = 0)
de sklearn.preprocessing import StandardScaler
sc = StandardScaler()
X_train = sc.fit_transform(X_train)
X_teste = sc.transform(X_teste)
de sklearn.svm import SVC
classificador = SVC(kernel='rbf', random_state = 0)
classificador.fit(X_treino, y_treino)
y_pred = classificador.predizer(X_teste)
from sklearn.metrics import confusion_matrix, accuracy_score
cm = matriz_de_confusão(y_teste, y_pred)
imprimir(cm)
pontuação_de_exactidão(y_teste,y_pred)
from matplotlib.colors import ListedColormap
X_set, y_set = X_test, y_test
X1, X2 = np.meshgrid(np.arange(start = X_set[:, 0].min() - 1, stop = X_set[:, 0].max() + 1, step = 0.01),np.arange(start = X_set[:, 1].min() - 1, stop = X_set[:, 1].max() + 1, step = 0.01))
plt.contourf(X1, X2, classifier.predict(np.array([X1.ravel(), X2.ravel()]).T).reshape(X1.shape),alpha = 0.75, cmap = ListedColormap(('red', 'green')))
plt.xlim(X1.min(), X1.max())
plt.ylim(X2.min(), X2.max())
for i, j in enumerate(np.unique(y_set)):
plt.scatter(X_set[y_set == j, 0], X_set[y_set == j, 1],c = ListedColormap(('pink', 'green'))(i), label = j)
plt.title('SVM (Conjunto de teste)')
plt.xlabel('Idade')
plt.ylabel('Salário estimado')
plt.legend()
```

plt.show()

Saída:-

[[4 0] [0 1]]

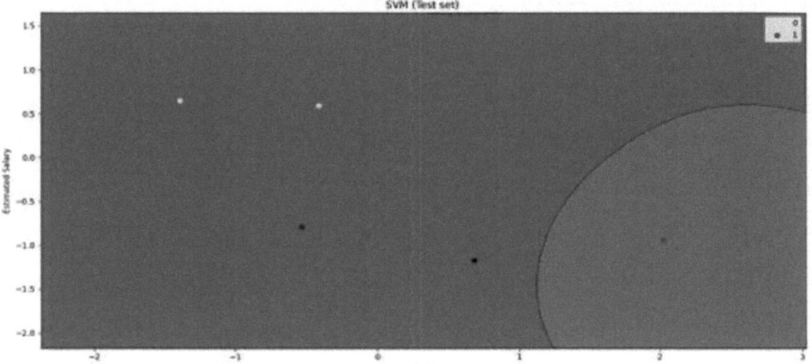

Resultado:-

Assim, o algoritmo de classificação foi implementado com êxito.

NOSQL USANDO MONGODB

Objetivo: -

Para criar, atualizar e eliminar documentos No SQL utilizando o MongoDB.

Algoritmo

1. Instalar o servidor MongoDB a partir do link <u>Download MongoDB Community Server | MongoDB</u>

2. Instalar o ficheiro .msi

3. Instalar o mongodb shell :<u>Download do MongoDB Shell | MongoDB</u>

4. Guarde-o em C:

5. Definir o caminho

a. Ir para o painel de controlo - > propriedades do sistema -> variável ambiental

7. Mostrar base de dados utilizando showdbs

8. Utilizar a base de dados com o comando use

9. Criar uma base de dados da escola

10. inserir documentos na base de dados da escola

11. Visualizar os documentos na base de dados

12. Inserir muitos documentos na coleção

13. Ordenar o documento por ordem alfabética . 1-ordem alfabética e -1 para ordem inversa

14. atualizar um ou vários documentos

15. Eliminar um ou vários documentos

Programa:-

test>show

dbs test>use school

escola>db.createCollection("alunos")

escola>db.students.insertOne({nome: "Spongebob",idade:30,gpa:

3.2}) escola>db.alunos.find()

escola>db.students.insertMany([{nome: "Patrick",idade:38,gpa:1.5},{nome: "Sandy",

idade:27,gpa:4.0},{nome: "Gary",idade:18,gpa:2.5}])

escola>db.students.find().sort({nome:1})

escola>db.students.updateOne({nome: "Spongebob"},{$set:{fu

lltime:true}}) escola>db.students.find({nome: "Spongebob"})

escola>db.students.updateMany({},{$set:{fulltimetime:false}})

escola>db.students.find()

escola>db.students.deleteOne({nome: "Spongebob"})

escola>db.students.find()

escola>db.students.deleteMany({fulltime:f

alse}) escola>db.students.find()

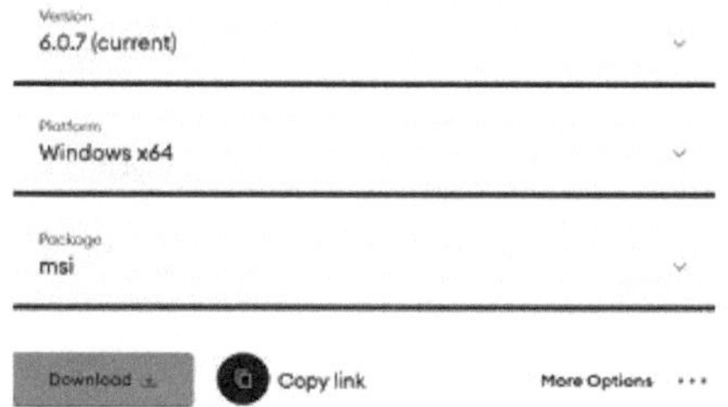

Version
6.0.7 (current)
Platform
Windows x64
Package
msi
Download
Copy link
More Options

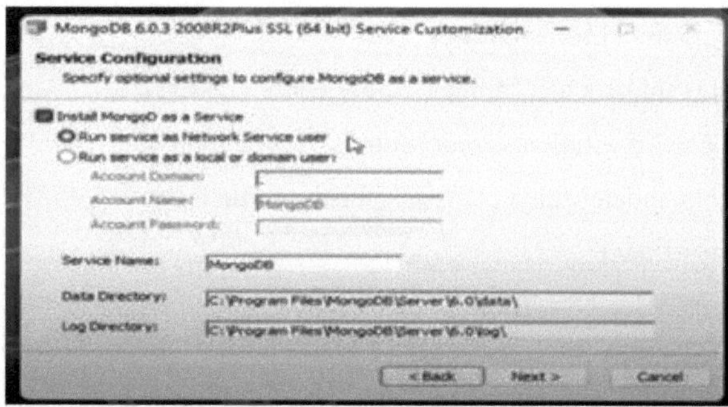

MongoDB 6.0.3 2008R2Plus SSL (64 bit) Service Customization
Service Configuration
Specify optional settings to configure MongoDB as a service.
Install MongoD as a Service
Run service as Network Service user
Run service as a local or domain user:
Account Domain:
Account Name: MongoDB
Account Password:
Service Name: MongoDB
Data Directory: C:\Program Files\MongoDB\Server\6.0\data\
Log Directory: C:\Program Files\MongoDB\Server\6.0\log\
< Back   Next >   Cancel

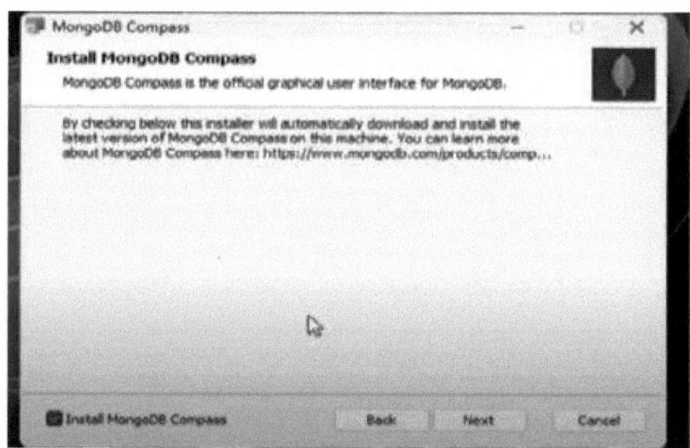

MongoDB Compass
Install MongoDB Compass
MongoDB Compass is the official graphical user interface for MongoDB.
By checking below this installer will automatically download and install the
latest version of MongoDB Compass on this machine. You can learn more
about MongoDB Compass here: https://www.mongodb.com/products/comp...
Install MongoDB Compass   Back   Next   Cancel

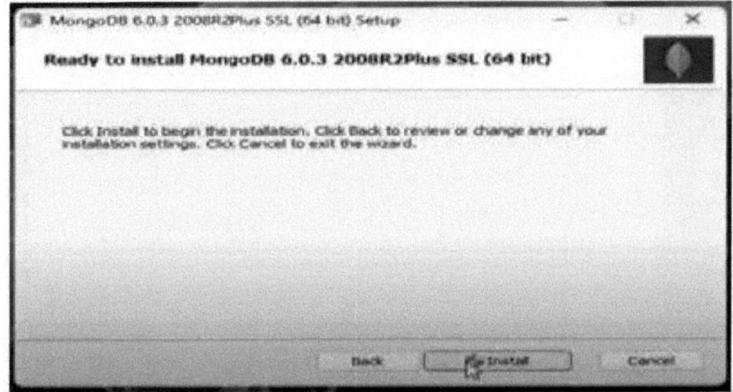

MongoDB 6.0.3 2008R2Plus SSL (64 bit) Setup
Ready to install MongoDB 6.0.3 2008R2Plus SSL (64 bit)
Click Install to begin the installation. Click Back to review or change any of your installation settings. Click Cancel to exit the wizard.
Back
Install
Cancel

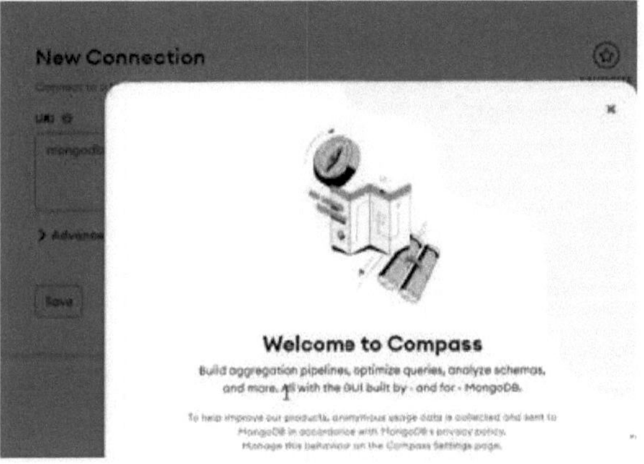

New Connection
URI
mongodb
Advanced
Save
Welcome to Compass
Build aggregation pipelines, optimize queries, analyze schemas, and more. All with the GUI built by - and for - MongoDB.
To help improve our products, anonymous usage data is collected and sent to MongoDB in accordance with MongoDB's privacy policy.
Manage this behavior on the Compass Settings page.

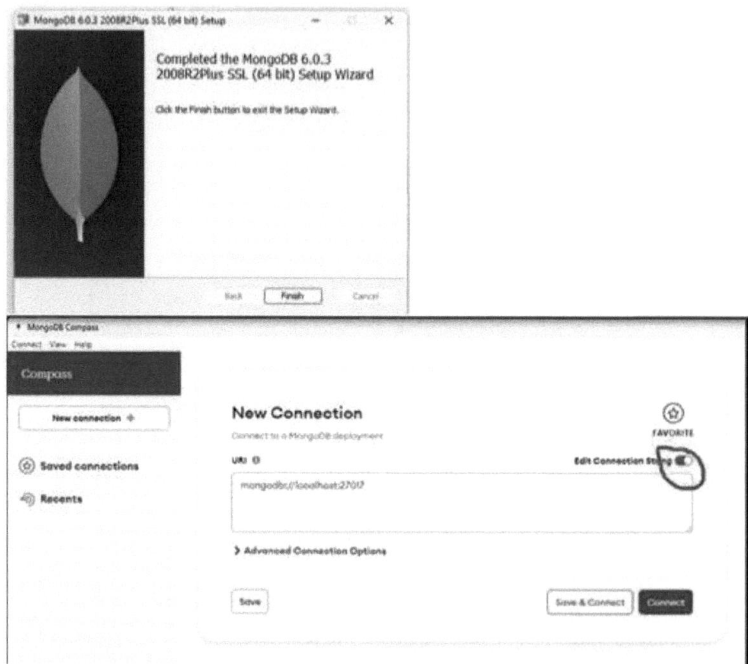

Ligação Mongo compass estabelecida. Em seguida, clique em **Ligar**

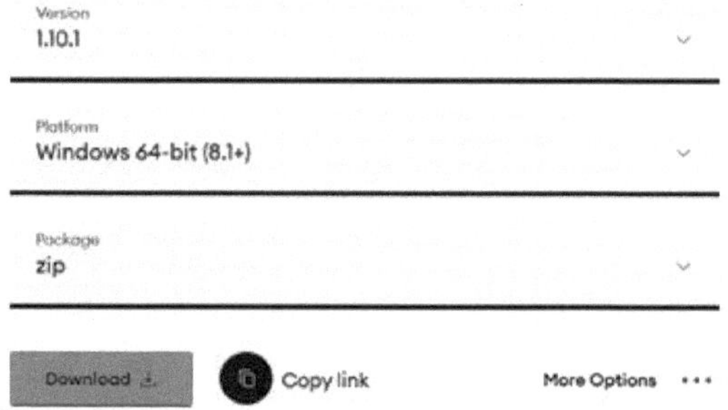

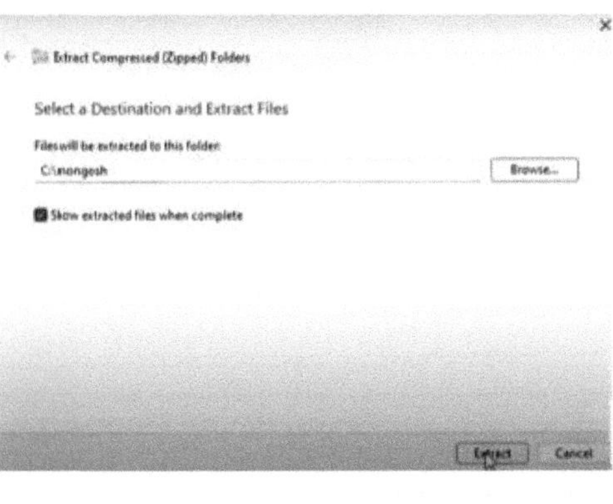

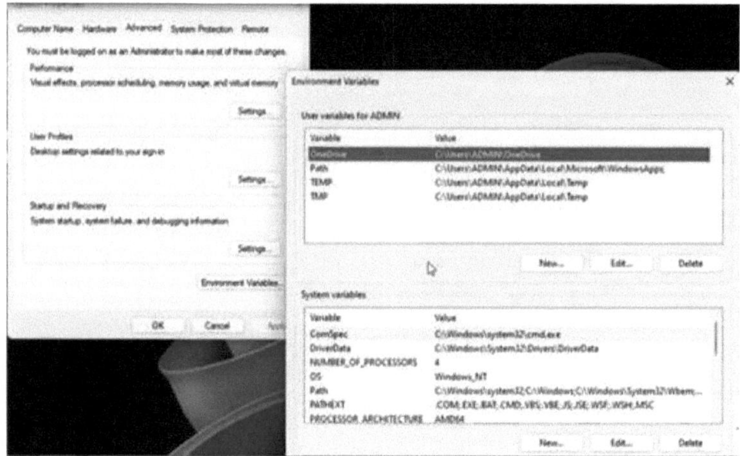

Clique em Caminho - > Editar

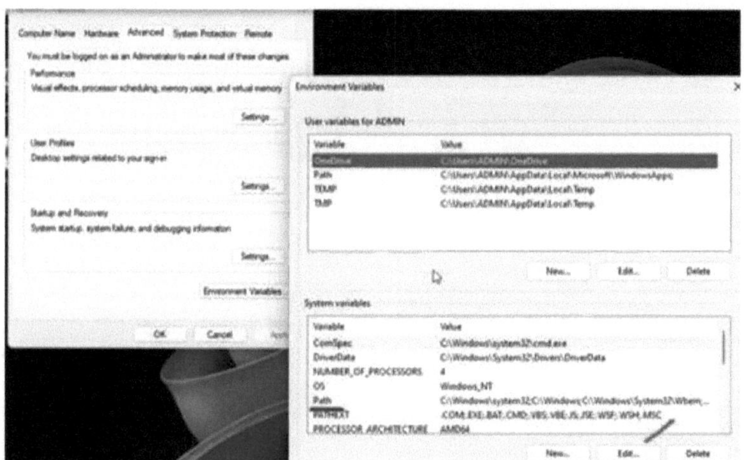

Adicionar o caminho destacado

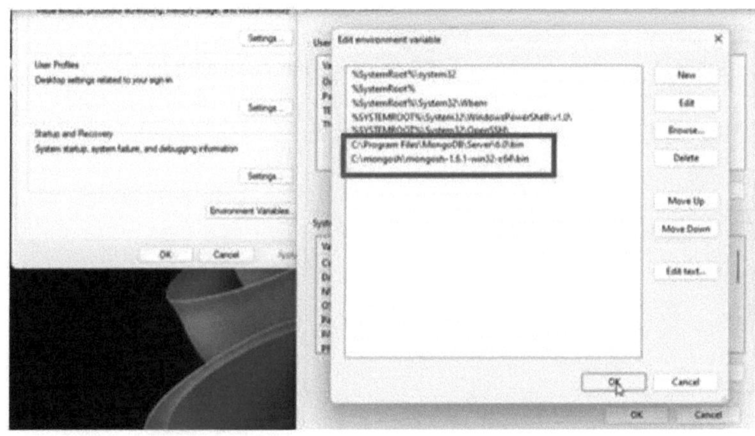

Ir para C:\mongosh\mongosh-1.6.1-win32- x64\bin

Clicar na aplicação

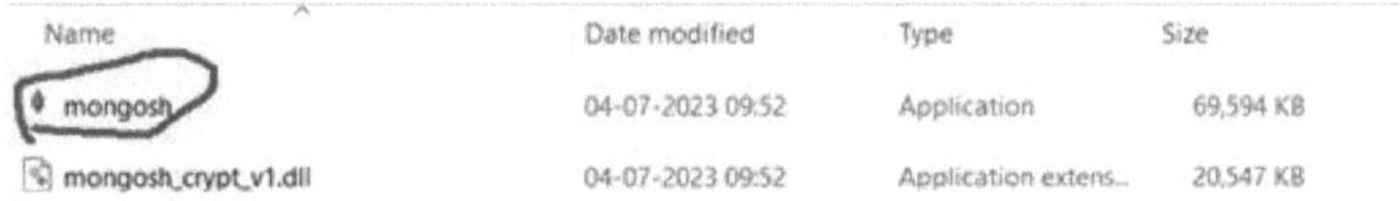

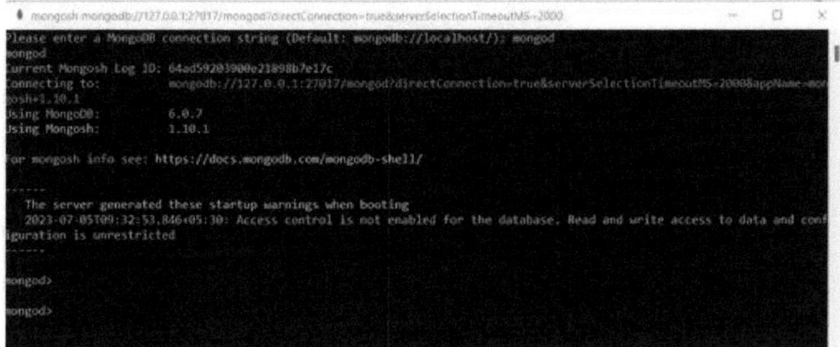

Resultado:-

Assim, o NOSQL utilizando o MongoDB foi implementado com êxito.

PROGRAMA DE REDUÇÃO DE MAPAS HADOOP

Objetivo

Implementar o programa Map reduce no Hadoop.

Algoritmo

Passo 1: Importar e instalar as bibliotecas necessárias (mrjob e tabulate).

Etapa 2: Definir a classe MRJob.

- Copie e cole o código de definição da classe MRJob numa nova célula

- Em seguida, execute a célula para definir a classe MRJob e escreva-a num ficheiro com o nome

"word_count_script.py".

Passo 3: Agora, carregue o ficheiro de entrada a partir do botão "Choose Files" (Escolher ficheiros) que aparece e selecione o ficheiro de texto que pretende analisar.

Etapa 4: Executar o script MRJob.

- Executar o script MRJob: Execute o seguinte código numa nova célula para executar o script

O script MRJob no arquivo carregado e redireciona a saída para um arquivo chamado "output.txt".

Passo 5: Processar e imprimir o resultado.

- Execute o código fornecido numa nova célula para processar a saída do script MRJob

e imprimir as contagens de palavras num formato tabular utilizando a biblioteca Tabulate.

Passo 6: Executar as células.

- Execute cada uma das células que criou nos passos anteriores sequencialmente através de

clicando no botão "Executar" em cada célula.

Etapa 7: Carregar e analisar a entrada.

- Utilize o botão "Escolher ficheiros" para carregar o ficheiro de texto de entrada que pretende

analisar.

O script MRJob contará as ocorrências de palavras no ficheiro, processará a saída e apresentará os resultados numa tabela bem formatada.

Programa:-

```
!pip install mrjob
!pip install tabulate
#    Definir a classe MRJob
mrjob_code = '''
from mrjob.job import MRJob
classe MRWordCount(MRJob):
def mapper(self, _, line):
palavras = line.split()
por palavra em palavras:
palavra de rendimento, 1
def reducer(self, word, counts):
yield palavra, soma(contagens)
se __name__ == '__main__':
MRWordCount.run()
'''
#    Escrever a classe MRJob num ficheiro
with open('word_count_script.py', 'w') as script_file:
script_file.write(mrjob_code)
from google.colab import files
#    Carregar o ficheiro de entrada
carregado = ficheiros.carregar()
input_filename = list(uploaded.keys())[0]
#    Escape o nome do ficheiro corretamente e execute o script no ficheiro carregado
!python word_count_script.py "{input_filename}" > output.txt
#    Processar a produção e melhorar a sua estrutura
contagens_de_palavras = []
com open('output.txt', 'r') as output_file:
for line in output_file:
palavra, contagem = linha.strip().split('\t')
contagem_de_palavras.append((palavra, int(contagem)))
#    Ordenar palavras por contagem em ordem decrescente
```

word_counts.sort(key=lambda x: x[1], reverse=True)

\#   Importar explicitamente a função tabulate

from tabulate import tabulate

\#   Imprimir a saída melhorada utilizando tabulate

table = tabulate(word_counts, headers=['Word', 'Count'], tablefmt='grid') print(table)

Saída:-

Palavra	Contagem
"em"	3
"ut"	2
"dobe"	2
"Pradent"	2
"qui"	1
"quir"	1
"reprehendeict"	1
"triste"	1
"enviado"	1

Resultado:-

O programa Map reduce no Hadoop foi implementado com êxito.

HDFS

Objetivo :-

Para demonstrar o estado de execução do sistema de ficheiros HDFS

Algoritmo

1. Instale o Java 8 se ainda não estiver instalado.
2. Descarregar o Hadoop 3.3.1.
3. Extraia o arquivo Hadoop descarregado.
4. Definir variáveis de ambiente para Java e Hadooppaths   .
5. Configure o HDFS atualizando core-site.   xmlandhdfs-site   .xml.
6. Formatar HDFS usando hdfs namenode -format.
7. Verifique se o HDFS está em execução usando o comando jps.

Programa:-

!apt-get install openjdk-8-jdk-headless -qq

!wget -q https://downloads.apache.org/hadoop/common/hadoop-
3.3.1 /hadoop-3.3.1.tar.gz

tar xf hadoop-3.3.1.tar.gz

importar os

os.environ['JAVA_HOME'] = '/usr/lib/jvm/java-8-openjdk-amd64'

os.environ['HADOOP_HOME'] = '/content/hadoop-3.3.1'

os.environ['HADOOP_CONF_DIR']   =   '/content/hadoop-3.3.1/etc/hadoop'

os.environ['PATH'] = os.environ['HADOOP_HOME'] + '/bin:' +
os.environ['PATH']

Configurar o HDFS

!cp /content/hadoop-3.3.1/etc/hadoop/core-site.xml /content/hadoop-
3.3.1/etc/hadoop/core-site.xml.bak

!cp /content/hadoop-3.3.1/etc/hadoop/hdfs-site.xml /content/hadoop-
3.3.1 /etc/hadoop/hdfs-site.xml .bak

!echo -e
'<configuration><property><name>fs. default.name</name><value>hdfs ://loc
alhost:9000</value></property></configuration>' > /content/hadoop-
3.3.1/etc/hadoop/core-site.xml

!echo -e
'<configuration><property><name>dfs.   replication</name><value> 1   </value><

/property></configuration>' > /content/hadoop-3.3.1/etc/hadoop/hdfs- site.xml

\# Formato HDFS

!hdfs namenode -format

\# Verificar se o HDFS está em execução

!ʲps

Saída:-

Reformatar o sistema de ficheiros no diretório de armazenamento root= /tmp/hadoop-root/dfs/name; location= null ? (Y ou N) Y

2023-09-01 04:16:59,475 INFO namenode.FSImage: Alocado novo BlockPoolId: BP-150640189-172.28.0.12-1693541819454

2023-09-01 04:16:59,475 INFO common.Storage: Vai remover ficheiros: [/tmp/hadoop-root/dfs/name/current/seen_txid, /tmp/hadoop-root/dfs/name/current/fsimage_0000000000000000000, /tmp/hadoop-root/dfs/name/current/VERSION, /tmp/hadoop-root/dfs/name/current/fsimage_0000000000000000000.md5]

2023-09-01 04:16:59,515 INFO common.Storage: O diretório de armazenamento /tmp/hadoop-root/dfs/name foi formatado com sucesso.

2023-09-01 04:16:59,556 INFO namenode.FSImageFormatProtobuf: A guardar ficheiro de imagem /tmp/hadoop-root/dfs/nome/atual/fsimage.ckpt_0000000000000000000 sem compressão

2023-09-01 04:16:59,732 INFO namenode.FSImageFormatProtobuf: Ficheiro de imagem /tmp/hadoop-root/dfs/name/current/fsimage.ckpt_0000000000000000000 de tamanho 399 bytes guardado em 0 segundos .

2023-09-01 04:16:59,745 INFO namenode.NNStorageRetentionManager: Manter 1 imagens com txid >= 0

2023-09-01 04:16:59,794 INFO namenode.FSNamesystem: A parar serviços iniciados para o estado ativo 2023-09-01 04:16:59,795 INFO namenode.FSNamesystem: Parando os serviços iniciados para o estado de espera

2023-09-01 04:16:59,801 INFO namenode.FSImage: FSImageSaver limpa o ponto de verificação: txid=0 quando se encontra encerrado.

2023-09-01 04:16:59,801 INFO namenode.NameNode: SHUTDOWN_MSG:

SHUTDOWN_MSG: A desligar o NameNode em ba73d57e1e43/172.28.0.12 2320

Jps

Reformatar o sistema de ficheiros no Diretório de Armazenamento root= /tmp/hadoop-root/dfs/name; location= null ? (Y ou N) N

Formato abortado no Diretório de Armazenamento root= /tmp/hadoop-root/dfs/name; location= null 2023-09-01 04:38:05,514 INFO namenode.FSNamesystem: Stopping services started for active state 2023-09-01 04:38:05,515 INFO namenode.FSNamesystem: Parando os serviços iniciados para o estado de espera 2023-09-01 04:38:05,517 INFO util.ExitUtil: Saindo com status 1:

ExitException

2023-09-01 04:38:05,521 INFO namenode.NameNode: SHUTDOWN_MSG:

SHUTDOWN_MSG: A desligar o NameNode em ba73d57e1e43/172.28.0.12 **/7432

Jps

Resultado:-

O estado de funcionamento do HDFS foi implementado com êxito.

YARN

Objetivo

Para executar comandos Yarn em Python

Algoritmo

Em Python, pode utilizar o módulo 'subprocess' para executar comandos Yarn dentro do seu script Python. Aqui está um exemplo de um script Python que utiliza o Yarn para instalar um pacote JavaScript.

Neste guião:

1.   Importamos o módulo 'subprocess' para executar comandos Yarn a partir do Python.

2.   Definimos o nome do pacote JavaScript que queremos instalar, neste caso, "axios".

3.   Nós construímos o comando Yarn usando uma string f, que inclui o comando 'yarn add' seguido pelo nome do pacote.

4.   Utilizamos 'subprocess.run()' para executar o comando Yarn. O argumento 'shell=True' permite-nos executar o comando num ambiente shell, e 'check=True' assegura que é levantada uma exceção se o comando Yarn falhar.

5.   Tratamos de quaisquer erros que possam ocorrer durante a execução do comando Yarn e imprimimos uma mensagem de sucesso se a instalação do pacote for bem sucedida.

Você pode personalizar esse script alterando a variável 'package_name' e o comando Yarn para instalar o pacote JavaScript específico de que precisa. Certifique-se de que tem o Yarn e o Node.js instalados no seu ambiente antes de executar este script.

Programa:-

!curl -sL https://deb.nodesource.com/setup_14.x | sudo -E bash - !sudo apt-get install -y nodejs !npm install -g yarn

!yarn --versão

!yarn init -y

!yarn add axios

!yarn start

importar subprocesso

>   Definir o comando Yarn para instalar um pacote nome_do_pacote = "axios"

yarn_command = f "yarn add {nome_do_pacote}"

tentar:

> Executar o comando Yarn utilizando o subprocesso
subprocess.run(yarn_command, shell=True, check=True) print(f "Instalado com
sucesso {nome_do_pacote} utilizando Yarn.")

except subprocess.CalledProcessError as e:

print(f "Erro: O comando Yarn falhou com o código de erro {e.returncode}.")

Saída:-

> yarn@1.22.19 preinstall /usr/lib/node_modules/yarn

> :; (node ./preinstall.js > /dev/null 2>&1 || true)

/usr/bin/yarn -> /usr/lib/node_modules/yarn/bin/yarn.js

/usr/bin/yarnpkg -> /usr/lib/node_modules/yarn/bin/yarn.js

+ yarn@1.22.19

adicionou 1 pacote em

0.703s 1.22.19

yarn init v1.22.19

**warning O sinalizador yes foi definido. Isto irá responder automaticamente sim a
todas as perguntas, o que pode ter implicações de segurança.**

sucesso Guardado

package.json Feito em

0.02s.

yarn add v1.22.19 info No lockfile '

encontrado. [1/4] Resolvendo pacotes... [2/4] Buscando pacotes...

[] 0/9[] 7/9[] 8/9 **[3/4] Ligando dependências...** [] 0/9[] 0/144[] **0/1814/41**

Construindo novos pacotes... sucesso Arquivo de bloqueio salvo.

sucesso Guardou 9 novas dependências.info Dependências diretas

'- axios@1.5.0 **info Todas as dependências**

I- asynckit@0.4.0

I- axios@1.5.0

I- combined-stream@1.0.8

I- delayed-stream@1.0.0

I- follow-redirects@1.15.2

I- form-data@4.0.0

I- mime-db@1.52.0

I- mime-types@2.1.35

I- proxy-from-

env@1.1.0 Feito em

0.75s.

yarn run v1.22.19

erro O comando "start" não foi encontrado.

info Visite https://yarnpkg.com/en/docs/cli/run para obter documentação sobre este comando. Instalado com sucesso o axios usando o Yarn.

Resultado:-

Os comandos Yarn foram executados em python com sucesso.

TRABALHAR COM SUÍNOS

Objetivo

Executando o script Apache Pig no local

Algoritmo

Passo 1: Instalar o OpenJDK 8

Passo 2: Transferir e extrair o Apache Pig

Passo 3: Definir variáveis de ambiente

Passo 4: Definir o guião Pig

Passo 5: Guardar o Pig Script num ficheiro

Passo 6: Especificar o caminho dos dados de entrada

Passo 7: Construir o comando Pig

Passo 8: Executar o Script Pig

Etapa 9: Verificar o estado da saída

Programa:-

```
importar os
importar subprocesso
#   Instalar o OpenJDK 8 (se ainda não estiver instalado) java_installation_command = "apt-
get install openjdk-8-jre-headless -qq
#   /dev/null"
subprocess.run(java_installation_command, shell=True, check=True)
#   Descarregar e extrair o Apache Pig
pig_download_url = "https://downloads.apache.org/pig/pig-0.17.0/pig-0.17.0.tar.gz"
subprocess.run(["wget", pig_download_url])
subprocess.run(["tar", "-xzf", "pig-0.17.0.tar.gz"])
#   Definir variáveis de ambiente os.environ['PIG_HOME'] = '/conteúdo/pig-0.17.0'
os.environ['PATH'] = os.environ['PIG_HOME'] + '/bin:' + os.environ['PATH']
os.environ['JAVA_HOME'] = '/usr/lib/jvm/java-8-openjdk-amd64'
os.environ['HADOOP_CONF_DIR'] = '/path/to/hadoop/config/dir'   # Ajustar o caminho se necessário
```

Definir o ficheiro de script Pig

```python
pig_script_content = """
A = LOAD 'students.txt' AS (name:chararray, age:int, gpa:float); B = GROUP A BY age;
C = FOREACH B GENERATE group, A.name;DUMP C;
# Guardar o script Pig num ficheiro
com open('/content/students.pig', 'w') as pig_script_file:
pig_script_file.write(pig_script_content)
input_data_path = '/content/students.txt'pig_script_path = '/content/students.pig'
pig_command = f'pig -x local -f {pig_script_path} -param input_data={input_data_path}'
tentar:
# Executar o script Pig
result = subprocess.run(pig_command, shell=True, text=True, stdout=subprocess.PIPE, stderr=subprocess.PIPE)
# Verificar se o estado de saída é 0 (sucesso) se result.returncode == 0:
print("Apache Pig script executed successfully.")else:
print("O script Apache Pig foi executado com erros. Verifique a saída para obter detalhes.")
# Imprimir o script Pig outputprint("Standard Output:") print(result.stdout)
except subprocess.CalledProcessError as e:print(f "Erro: {e}")
```

Saída:-

```
2023-09-04 06:47:53,946 INFO [main] pig.ExecTypeProvider (ExecTypeProvider.java:selectExecType(41)) - A tentar ExecType :
LOCAL2023-09-04 06:47:53,949 INFO [main] pig.ExecTypeProvider (ExecTypeProvider.java:selectExecType(43)) - Escolheu LOCAL como o
ExecType(19,{(Doug),(Sally)})
(21,{(John)})
(22,{(Alice)})
(26,{(Susan)})
```

Resultado:-

O script Apache Pig foi executado com sucesso.

TRABALHAR COM A COLMEIA

49

Objetivo:- Demonstrar se o hive está a ser executado no nosso sistema utilizando comandos hive

Algoritmo

1. Atualizar repositórios de pacotes

- Execute o comando para atualizar a lista de pacotes disponíveis.

2. Instalar o Hive e as dependências

Utilize o gestor de pacotes para instalar o Hive, o Hive Metastore e o HiveServer2.

- O sinalizador -y é usado para confirmar automaticamente os avisos de instalação.

3. Iniciar o Hive Metastore e o HiveServer2

• Iniciar o serviço Hive Metastore utilizando o comando hive --service metastore comando.

• Iniciar o serviço HiveServer2 utilizando o comando hive --service hiveserver2 comando.

• Utilize nohup para executar estes serviços em segundo plano e suprimir saída.

4. Verificar se o Hive está instalado e a funcionar

• Definir uma função Python, check_hive_status(), para determinar se o Hive estiver corretamente instalado e operacional.

• Executar uma consulta Hive (SHOW DATABASES;) utilizando subprocess.run().

• Verifica se a execução foi bem sucedida ou se ocorreu um FileNotFoundError.

5. Chamar a função

- Invocar a função check_hive_status() para efetuar a verificação do estado da colmeia

verificar.

Programa:-

Atualizar os repositórios de pacotes

!apt-get update

Instalar o Hive e as suas dependências

!apt-get install hive hive-metastore hive-server2 -y #

Iniciar o Hive Metastore e o HiveServer2

!nohup hive --service metastore > /dev/null 2>&1 &

!nohup hive --service hiveserver2 > /dev/null 2>&1 & import subprocess

\# Verificar se o Hive está instalado e a funcionar

def check_hive_status():

tentar:

\# Tentativa de executar o Hive e suprimir o resultado do stderr =

subprocess.run(

["hive", "-e", "SHOW DATABASES;"],

stdout=subprocesso.PIPE,

stderr=subprocess.DEVNULL, # Redirecciona o stderr para /dev/null shell=True,

encoding="utf-8", # Especifica a codificação para Python 3

)

print("O Hive está instalado e a funcionar.") except FileNotFoundError: print("O Hive não está instalado.")

\# Chamar a função para verificar o estado do Hive

check_hive_status()

Saída:-

```
Hit :1 https://cloud.r-proiect.org/bin/linux/ubuntu jammy-cran40/ InRelease
Hit:2 https://developer.download.nvidia.coin/compute/cuda/repos/ubuntu2284/x86 64 EmRelease
Hit :3 http://security.ubuntu.com/ubuntu jammy-security InRelease
Hit:4 http://archive.ubuntu.com/ubuntu jammy InRelease
Hit:5 http://archive.ubuntu.com/ubuntu jammy-updates InRelease
Hit:6 http://archive.ubuntu.com/ubuntu jammy-backports InRelease
Hit:7 https://ppa.launchpadcontent.net/c2d4u.team/c2d4u4.04-/ubuntu jammy InRelease
Hit:8 https://ppa.launchpadcontent.net/deadsnakes/ppa/ubuntu jammy InRelease
Hit:9 https://ppa.launchpadcontent.net/graphics-drivers/ppa/ubuntu jammy InRelease
Hit:10 https://ppa.launchpadcontent.net/ubuntugis/ppa/ubuntu jammy InRelease
Ler listas de pacotes... Concluído
Ler listas de pacotes... Concluído
Construindo a árvore de dependências... Concluído
Ler informações sobre o estado... Concluído
E:    Não é possível localizar a colmeia de pacotes
F:    Não foi possível localizar o pacote hive-metastore
G:    Não foi possível localizar o pacote hive-server2
O Hive está instalado e a funcionar.
```

Resultado:-

Assim, o Hive foi instalado e executado com êxito.

VISUALIZAÇÃO (UTILIZANDO O TABLEAU)

52

Objetivo

Para efetuar a visualização utilizando o Tableau.

O Tableau é uma poderosa ferramenta de visualização de dados que lhe permite ligar-se a várias fontes de dados e criar visualizações interactivas,

e gerar relatórios e painéis perspicazes. Para utilizar o Tableau para visualização com determinados conjuntos de dados, siga estes passos gerais:

Algoritmo

1.Instalar o Tableau:

Descarregue e instale o Tableau Desktop a partir do sítio Web oficial da Tableau. Poderá precisar de uma licença ou de uma versão de avaliação para o fazer.

2 Dados de carga:

Abra o Tableau Desktop e ligue-se ao seu conjunto de dados. O Tableau suporta uma vasta gama de fontes de dados, incluindo Excel, CSV e bases de dados,

e muito mais. Para carregar os seus dados:

Clique em "Ligar aos dados" na página inicial.

Escolha a fonte de dados adequada e selecione o ficheiro do conjunto de dados.

Siga as instruções para ligar e carregar os seus dados.

3 Criar visualizações:

Depois de carregar os dados, pode criar vários tipos de visualizações:

Arraste e largue campos do seu conjunto de dados para as prateleiras Colunas e Linhas para criar gráficos como gráficos de barras, gráficos de linhas, gráficos de dispersão, etc.

Utilize a funcionalidade "Mostre-me" para obter recomendações sobre tipos de visualização adequados com base nos campos selecionados.

4 Alterar o tipo de gráfico :

O Tableau pode criar automaticamente um gráfico de barras ou outra visualização com base nos campos iniciais arrastados. Para alterá-lo para um gráfico obrigatório:

Clique no ícone "Mostre-me" no canto superior direito (parece um símbolo de gráfico).

No painel "Mostrar-me", localize a opção de tipo de gráfico e clique nela.

5 Ajustar as etiquetas e as cores:

Por padrão, o Tableau atribuirá cores a cada categoria e adicionará rótulos. É possível ajustar essas configurações:

Clique no botão "Etiqueta" no cartão Marcas para mostrar ou ocultar etiquetas.

Clique no botão "Cor" no cartão Marcas para alterar o esquema de cores.

Formatar qualquer um dos gráficos:

Pode formatar o gráfico utilizando o menu "Formatar" na barra superior. Aqui, pode ajustar os tamanhos dos tipos de letra, as cores, os contornos e outras propriedades.

6   Adicionar etiquetas e legendas:

Se as etiquetas não forem mostradas automaticamente, pode adicioná-las clicando em "Etiqueta" no cartão Marcas e selecionando as opções adequadas.

Para adicionar uma legenda, clique em "Cor" no cartão Marcas e selecione "Editar cores". Na caixa de diálogo Editar cores, selecione a opção "Mostrar na parte inferior".

7   Guardar e partilhar:

Quando estiver satisfeito com o seu gráfico, pode guardá-lo e partilhá-lo com outras pessoas.

Também é possível publicá-lo no Tableau Server, no Tableau Online ou no Tableau Public.

Saída:-

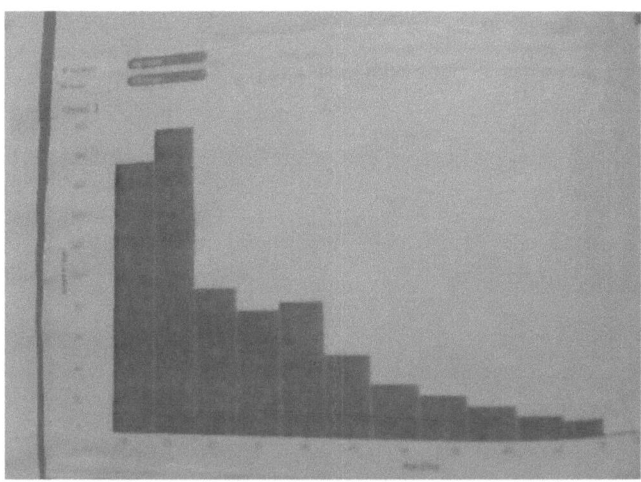

Resultado:-

Assim, diferentes conjuntos de dados foram visualizados com sucesso utilizando o Tableau.

REFERÊNCIAS

[1]   The Hundred-Page Machine Learning Book de Andriy Burkov, ISBN - 978-1999579500.

[2]   Machine Learning For Absolute Beginners por Oliver Theobald, ISBN - 1549617214.

[3]   Machine Learning for Humans por Vishal Maini e Samer Sabri, ISBN- 9789732343777.

[4]   Fundamentals of Machine Learning for Predictive Data Analytics por John D. Kelleher, Brian Mac Namee, e Aoife D'Arcy, ISBN - 9780262029445.

[5]   Aprendizagem automática prática com Scikit-Learn, Keras e TensorFlow por Geron Aurelien, ISBN - 9781492032649.

[6]   Hadoop in 24 Hours por Jeffrey Aven, ISBN - 978-9352866571.

[7]   Hadoop na prática por Alex Holmes, ISBN - 978-9351197423.

[8]   Hadoop Beginner's Guide por Garry Turkington, ISBN - 9781849517300.

[9]   Data Analytics With Hadoop por Benjamin Bengfort & Jenny Kim, ISBN - 9781491913703.

[10] Programming Hive por Edward Capriolo & Dean Wampler, ISBN - 9781449326975.

yes
I want morebooks!

Buy your books fast and straightforward online - at one of world's fastest growing online book stores! Environmentally sound due to Print-on-Demand technologies.

Buy your books online at
www.morebooks.shop

Compre os seus livros mais rápido e diretamente na internet, em uma das livrarias on-line com o maior crescimento no mundo! Produção que protege o meio ambiente através das tecnologias de impressão sob demanda.

Compre os seus livros on-line em
www.morebooks.shop

Printed by Books on Demand GmbH, Norderstedt / Germany